글 양화당

햇살 좋은 사무실에서 어린이책을 기획하고 집필하는 일을 하고 있습니다.
어린이들이 재미있게 읽으면서 마음의 양식으로 삼을 수 있는 따뜻하고
영양가 있는 책을 많이 쓰고 만드는 게 꿈이랍니다. 쓴 책으로
〈K탐정의 척척척 대한민국〉시리즈, 〈보글보글 열 단어 한국사 라면〉시리즈,
『신비아파트 공부 귀신 1. 발명품이 사라졌다!』 등이 있습니다.

그림 이주미

대학에서 시각디자인을 전공하고 현재 일러스트레이터이자 그림책 작가로 활동하고 있습니다.
2013년 나미콩쿠르, 2014년 앤서니 브라운 그림책 공모전, 2015년 한국안데르센상 출판 미술
부문, 2023년 나미콩쿠르 퍼플아일랜드를 수상했습니다. 쓰고 그린 책으로『아기가 왔다』,
『밥밥밥』,『옳은손 길들이기』,『네가 크면 말이야』,『숲』,『당신의 가방 안에는?』 등이 있습니다.

감수 이정모

연세대학교와 같은 학교 대학원에서 생화학을 공부하고, 독일 본대학교에서
유기화학을 연구했습니다. 서대문자연사박물관장, 서울시립과학관장,
국립과천과학관장 등으로 일하면서 저술과 강연 활동을 하고 있습니다.
어린이를 위한 책으로『우리는 물이야』,『나는야 초능력자 미생물』,
『과학자와 떠나는 마다가스카르 여행』 등을 썼습니다.

새콤달콤 열 단어 과학 캔디_5 지구 환경

초판 1쇄 발행 2025년 8월 25일
글 양화당 | 그림 이주미 | 감수 이정모

발행인 윤승현 | 편집장 안경숙 | 편집관리 최새롬 | 편집 황지영 | 디자인 문성일
마케팅 정지운, 박현아, 김지윤, 황지영 | 제작 신홍섭
펴낸곳 (주)웅진씽크빅 | 주소 경기도 파주시 회동길 20 (우)10881
문의 전화 031)956-7440(편집), 031)956-7569, 7570(마케팅)
홈페이지 www.wjjunior.co.kr | 블로그 blog.naver.com/wj_junior | 인스타그램 @woongjin_junior
출판신고 1980년 3월 29일 제406-2007-00046호 | 제조국 대한민국

글 ⓒ 양화당, 2025 | 그림 ⓒ 이주미, 2025
저작권자와 맺은 특약에 따라 검인을 생략합니다.

ISBN 978-89-01-28722-5 · 978-89-01-27599-4 (세트)
*잘못 만들어진 책은 바꾸어드립니다.

웅진주니어는 (주)웅진씽크빅의 유아·아동·청소년 도서 브랜드입니다. 저작권법에 의해 한국 내에서 보호를 받는 저작물이므로 무단
전재와 무단 복제를 금지하며, 이 책 내용의 전부 또는 일부를 이용하려면 반드시 저작권사와 (주)웅진씽크빅의 서면 동의를 받아야 합니다.

⚠ 주의
1. 책 모서리가 날카로워 다칠 수 있으니 사람을 향해 던지거나 떨어뜨리지 마십시오. 2. 보관 시 직사광선이나 습기 찬 곳은 피해 주십시오.

양화당 글 | 이주미 그림

5 지구 환경

웅진주니어

프롤로그

롤리폴리별은 캔디의 천국이야. 캔디만 먹으면 뭐든 할 수 있지.

기억력이 두 배로 좋아지는 맛

시원하게 더위를 날려 주는 맛

얼굴이 아름다워지는 맛

오늘은 캔디 가게에 새 캔디가 들어왔어.

열 단어를 찾아서 GO, GO!

생명

생물	11
끼리끼리	15
적응	19
다윈	23
닮은 꼴	27
혈액형	31
돌연변이	35
DNA	39
비밀 신분증	43
유전자 가위	47

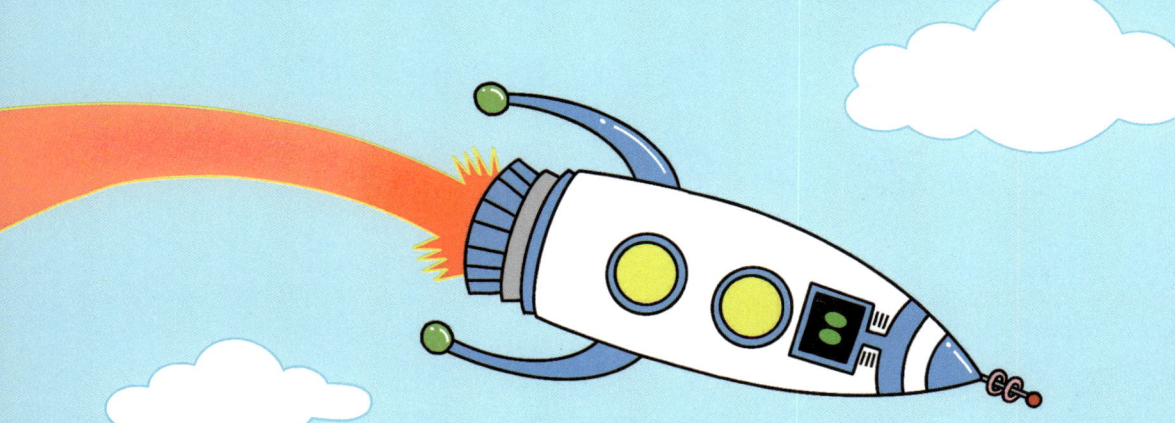

생태계

한집살이	57
생산자	61
소비자	65
꼬리잡기	69
자연 청소부	73
고래 펌프	77
침입자	81
반달가슴곰	85
생태 통로	89
지구 생태계	93

환경

지구 방패	103
온실가스	107
탄소 발자국	111
극한 기후	115
꿀벌	119
착한 에너지	123
DDT	127
사막화	131
쓰레기 섬	135
에코 지킴이	139

2 나무

난 생물. 내가 살아가기 위해서는 에너지가 필요해.
에너지를 얻으려면 잘 먹어야 하지.
사람이 밥을 먹고, 식물이 햇빛을 먹는 것도 다 에너지를
얻기 위해서야. 생물은 또 어떤 특징이 있을까?

모두 세포로 이루어져 있고 세포가
분열하면 쑥쑥 자라 어른이 돼.

난 언제 저만큼 크지?

무럭무럭 자라라.

2 아주 작은 미생물

약 35억 년 전쯤 바다에 세포 한두 개로 이루어진
아주 작은 미생물이 나타났어. 그중엔 산소를 내놓는 미생물이 있었어.
그러자 바다에는 산소를 흡수해서 에너지를 만들어
더 활발하게 움직일 수 있는 다양한 생명체가 나타났어.
바다 식물이 먼저 땅 위로 올라왔어. 식물 덕분에
땅 위에 산소가 많아지자, 지구 곳곳은 다양한
생명체로 가득 채워졌지.

생명은 산소를 좋아한당.

먹는 건 다 좋지!

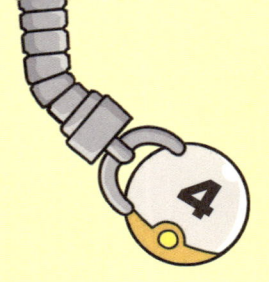

4 등뼈가 있는지 없는지

오늘은 동물들의 운동회 날이야. 등뼈가 없는 무척추동물 팀과 등뼈가 있는 척추동물 팀으로 나누었어. 무척추동물 팀은 덩치가 좀 작지만, 전체 동물 종의 약 97퍼센트로 종류가 다양하니 얕보면 곤란해. 반대편 척추동물 팀은 모두 몸속에 단단한 뼈가 있는 뼈대 있는 집안이라 힘이 막강해.

우리 연체동물은 몸이 말랑말랑하고 가늘고 길어. 유연성은 자신 있다고!

극피동물은 피부가 딴딴하고 가시가 있어.

등뼈가 없는 무척추동물 팀

강장동물은 몸이 젤리처럼 부드럽지.

환형동물은 몸이 길고 고리 같은 마디가 많지.

우리 절지동물은 몸이 단단한 껍질로 덮여 있고, 마디로 나누어져 있어.

1 린네

스웨덴의 박물학자, 칼 폰 린네는 동물과 식물을
비슷한 특징을 나타내는 무리로 나누었어.
이것을 '생물 분류'라고 해. 그렇다면 식물은 어떻게 나누었을까?

민꽃식물은 꽃이 피지 않는 식물이야.
잎 뒷면에서 홀씨를 키워서 공기
중으로 날려 보내 번식해.

꽃식물은 꽃이 피고
씨나 열매를 맺는 식물이야.
씨앗으로 번식해.

고사리

민들레

목련

이끼

이처럼 지구의 동물과 식물은
사는 곳과 몸의 특징이 모두 달라.

생명은 종류가
엄청 많당!

왜 이렇게
서로 다를까?

난 달라서
너무 좋은데!

2 적자생존

나는 붉은 털이 매력적인 붉은여우야.
난 환경에 잘 적응해서 세계 곳곳에서 살아남았어.
이것을 '적자생존'이라고 해. 그런데 나보다 더 놀라운 친구가
있어. 내 친구들이 보낸 편지를 한번 볼래?

> 붉은여우야, 안녕? 최근에 겨울이 오기 시작해서
> 난 겨울옷을 장만했어. 칙칙한 회갈색에서
> 흰색으로 털갈이해 하얀 눈이랑 비슷해졌지.
> 그 덕분에 먹잇감이 날 눈치채고 도망갈 일이
> 없어졌어. 난 주둥이, 귀, 목, 다리가 모두 짧아서
> 몸의 열을 덜 빼앗겨. 내 친구 북극곰은 몸에
> 지방을 잔뜩 쌓아 추위를 막는대. 그 덕분에
> 올겨울 추위도 걱정 뚝!
> 　　　　　　　　　　　　　　북극여우가.

짧은 귀, 짧은 목, 짧은 다리

눈과 거의 구분되지 않는 털색

붉은여우야, 안녕? 내가 사는 사막은 너무 덥고 물이 부족해서 살기 어려워. 여기서 살아남으려면 뜨거운 열기를 잘 막아야 해. 나는 큰 귀와 털빛 덕분에 그럭저럭 잘 견디고 있어. 그런데 이웃집 쌍봉낙타는 모래가 들어가지 않게 콧구멍을 닫을 수 있고, 혹 속에 있는 지방으로 물을 보충할 수 있대. 나도 쌍봉낙타처럼 되고 싶다!

사막여우가.

열을 내보내는 큰 귀

햇빛을 반사하는 밝은색 털

문제 깊고 깊은 바다에도 생물이 살아. 그곳의 환경은 어떨까?
① 깜깜하다. ② 시끄럽다. ③ 우아하다.

1 깜깜하다.

수심 200미터가 넘는 깊은 바다를 '심해'라고 불러. 이곳은 무척 어둡고, 물의 온도도 차고, 압력도 높아. 그런데 이런 조건에 적응해 살아남은 생물들이 있어.

난 초롱아귀. 머리에 달린 촉수로 빛을 내. 어둠 속에서 빛을 보고 다가온 물고기들을 한입에 꿀꺽하지!

난 블로브피시. 높은 압력을 못 버텨 뼈가 사라지고 젤리 같은 살로만 이루어졌어. 압력이 적은 위쪽으로 올라가면 살이 부풀어 올라!

으아악! 살려 줘!

난 풍선장어. 먹이가 적은 곳에서 살아남느라 입과 소화기만 커졌어. 그 대신 눈과 근육은 거의 퇴화했어.

생명은 적응력이 뛰어나당!

3 수집하기

난 영국에서 태어난 생물학자, 찰스 다윈이야.
식물, 새, 지렁이, 돌, 나비 등 모으는 것을 무척 좋아했지.
그러다 1831년 난 비글호를 타고 탐험을 떠났어.

저기 갈라파고스섬이 보인다! 어서 가서 조사해 봐야지.

그곳엔 섬이 여럿 있었는데 섬마다 핀치새의 부리 모양이 달랐어.

씨앗을 먹는 새는 부리가 뭉뚝하고

줄기를 쪼아 그 속에 숨은 벌레를 잡아먹는 새는 부리가 뾰족해.

오호, 섬마다 먹이가 달라서 새 부리 모양이 달라졌구나.

드디어 5년의 항해를 끝내고 집으로 돌아왔어.

핀치새처럼 생물은 끊임없이 모습을 바꿔 변해 온 게 분명해. 모아 온 자료들을 증거 삼아 책을 써야지.

그리고 20년이 지난 뒤, 『종의 기원』이라는 책을 발표했어.

 책을 보고 다윈을 놀리는 사람들이 있었어. 뭐라고 놀렸을까?
① 다윈의 할머니는 원숭이다.   ② 다윈의 정체는 외계인이다.

1 다윈의 할머니는 원숭이다.

다윈의 생각에 따르면, 사람도 신이 만든 게 아니라 다른 동물에게서 진화했다는 뜻이 돼. 그러자 많은 사람이 그 사실을 받아들이기 힘들어했어. 다윈의 할아버지와 할머니 중 어느 쪽이 원숭이 혈통이냐고 따져 물었지. 하지만 사람의 조상으로 보이는 다양한 화석이 발견되면서 다윈의 생각을 믿게 됐어.

1 유전

사람마다 얼굴 생김새 등 고유한 특성이 있어.
이런 특성을 부모가 자녀에게 전해 주는 걸 바로
'유전'이라고 해.

이처럼 부모의 특성이 자식에게 전해지는 건
우리 몸속에 있는 유전자 때문이야. 유전자 중에서도
더 잘 유전되는 건 우성, 덜 유전되는 건 열성이라고 불러.

외꺼풀보다 쌍꺼풀이
더 잘 유전돼.

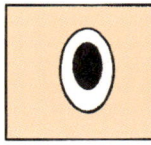 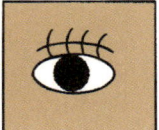

붙은 귓불보다 떨어진
귓불 모양이 더 잘 유전돼.

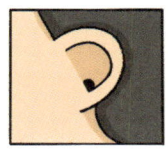 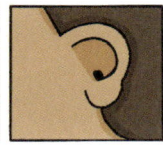

곧은 머리보다 곱슬머리가
더 잘 유전돼.

둥근 코보다 화살코가
더 잘 유전돼.

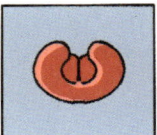 

혀를 U 자형으로 마는
능력이 더 잘 유전돼.

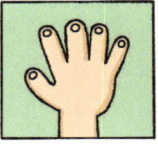

밝은 피부보다 어두운
피부가 더 잘 유전돼.

유전에도 법칙이 있다고 말한 오스트리아의 과학자는 누굴까?
① 헨젤과 그레텔   ② 멘델

2 멘델

그레고어 멘델은 완두콩을 키워 어떤 색의 완두콩이 열리는지 실험했어. 그리고 유전에도 일정한 법칙이 있다는 걸 알아냈어.

"중간색 콩이 나올 줄 알았는데, 우성인 노랑 콩만 나오는 법칙이 있네."

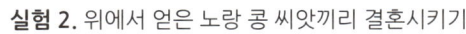
실험 1. 초록 콩 씨앗과 노랑 콩 씨앗 결혼시키기
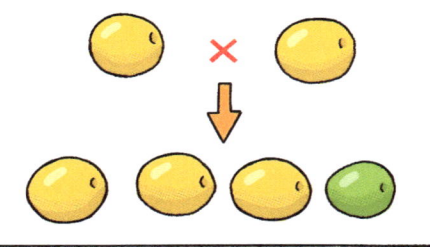
실험 2. 위에서 얻은 노랑 콩 씨앗끼리 결혼시키기

"자손은 노랑과 초록 콩이 3:1의 일정한 비율로 나오는 법칙이 있어."

"생명에는 법칙이 있당."

"빨리 와. 같이 콩 먹자."

"아얏, 피 났어."

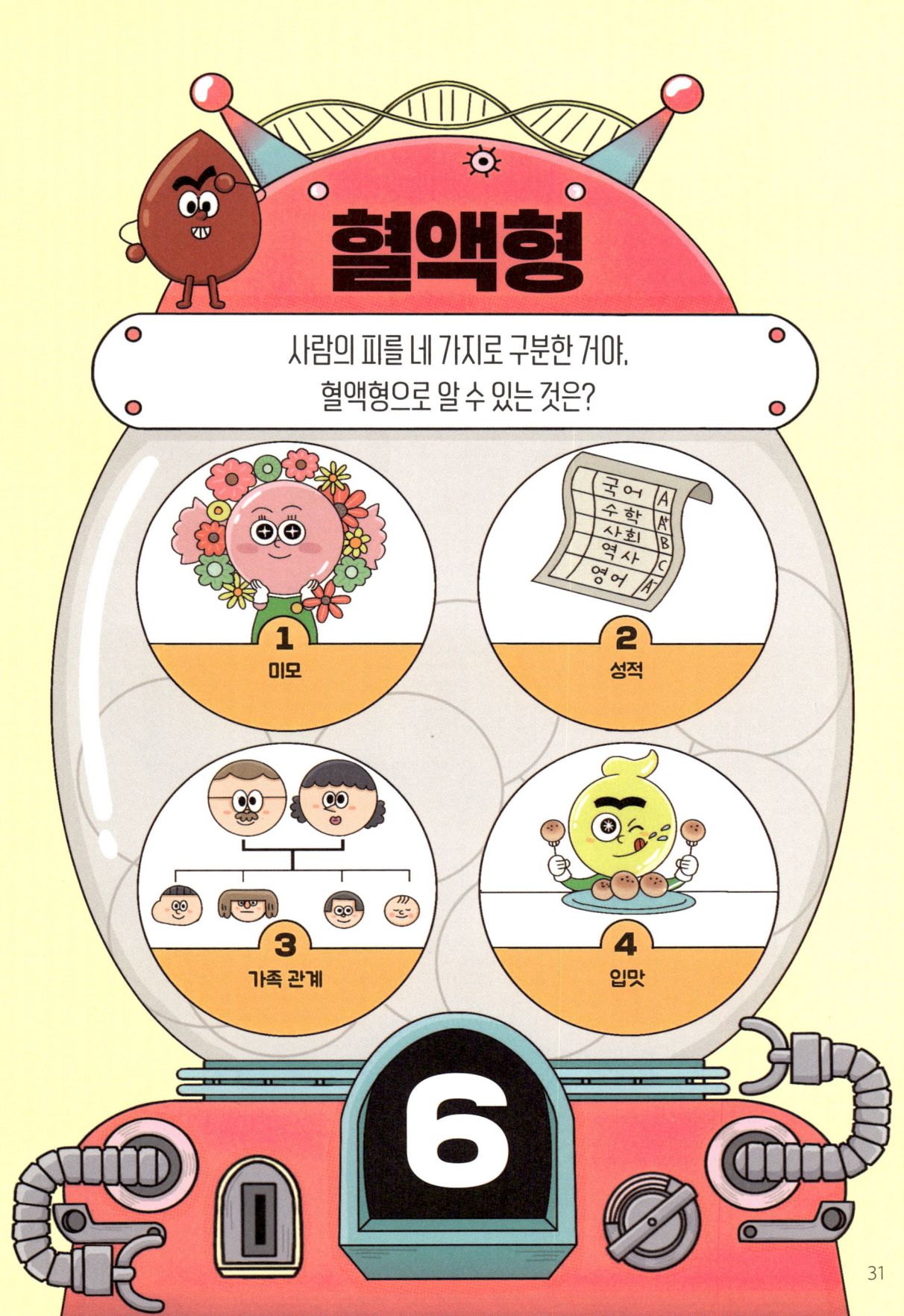

3 가족 관계

어느 날, 혈액형 연구소에 손님이 찾아왔어.

자녀의 혈액형은 부모의 혈액형 유전자를 하나씩 받아 결정돼.
그럼 부모의 혈액형으로 자녀의 혈액형을 예측해 볼까?

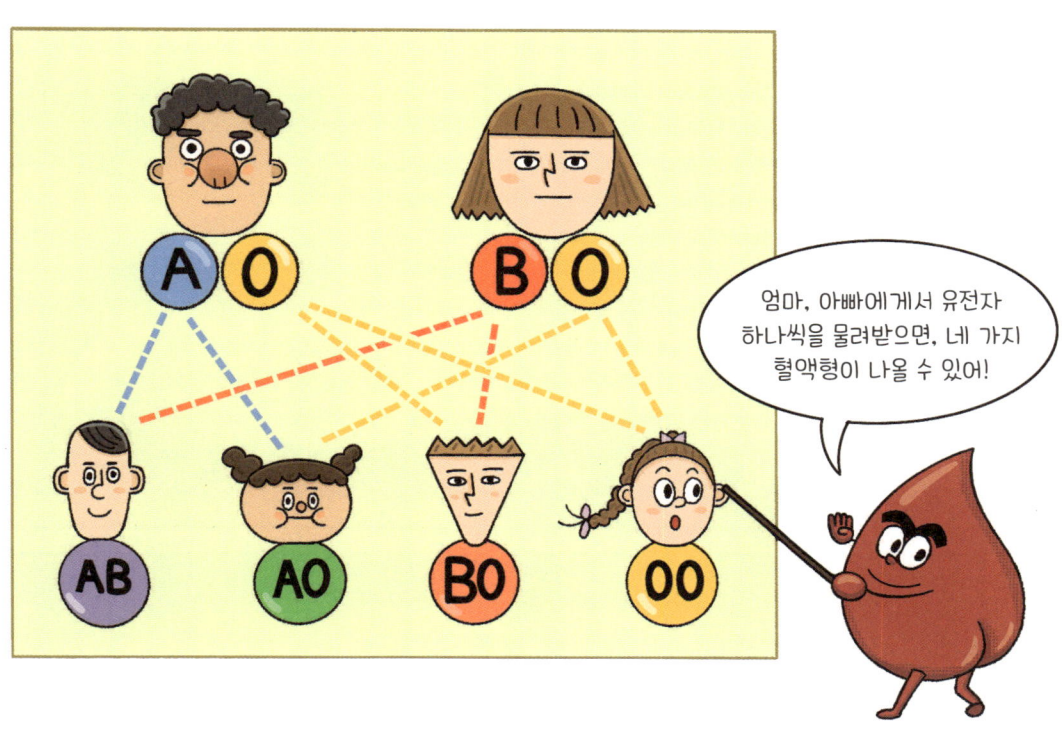

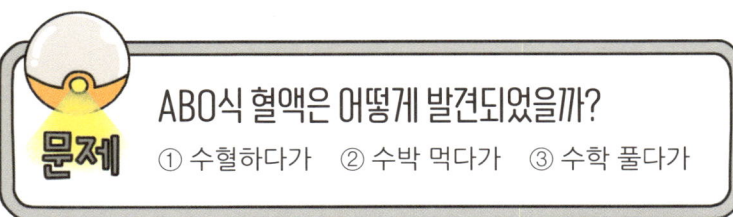

문제 ABO식 혈액은 어떻게 발견되었을까?
① 수혈하다가   ② 수박 먹다가   ③ 수학 풀다가

 **수혈하다가**

오스트리아 의학자인 카를 란트슈타이너의 이야기를 들어 볼래?

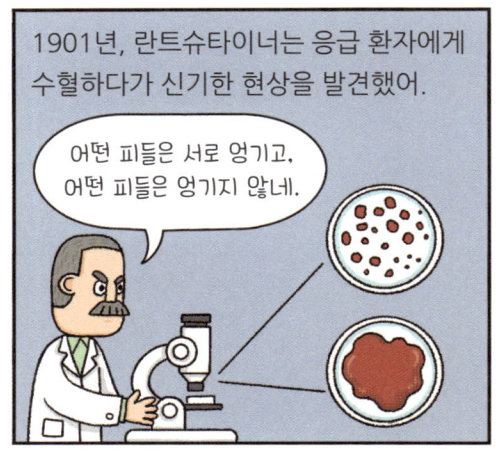

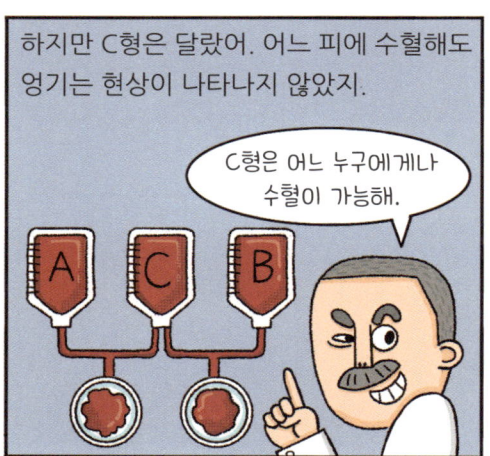

란트슈타이너는 C형을 '엉김이 없는 제로다.'라는 뜻으로 O형이라고 바꿔 불렀어. 그래서 지금처럼 A형, B형, O형이 된 거야.

3 꽃밭

생물학자 휘호 더프리스가 날 발견한 이야기를 들려줄게.

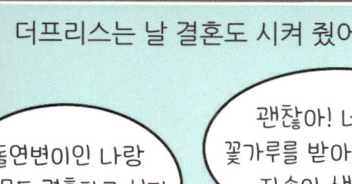

2 방사선

돌연변이는 부모에서 자손으로 유전자가 전해지는 과정에서 우연히 생기기도 하지만, 방사선이나 화학 약품에 노출되는 등 나쁜 환경에 의해 생기기도 해.

귀가 없이 태어난 토끼

한 꽃에 꽃송이가 여러 개 핀 해바라기

여러 알이 뒤엉킨 토마토

날개가 작아서 날지 못하는 곤충

생명은 우연히 변하기도 한당.

돌연변이를 나오게 하는 위험 물질은 NO!

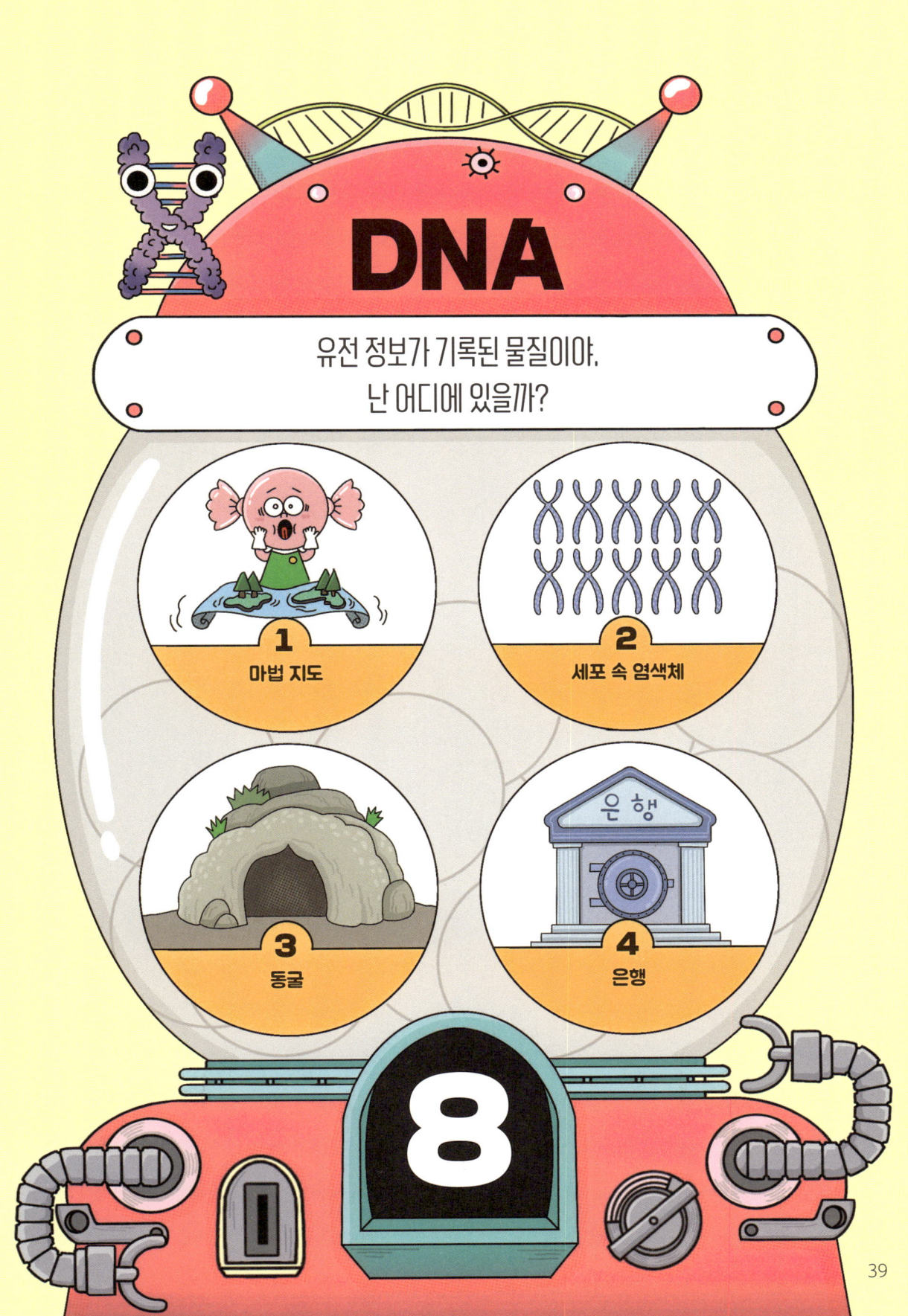

2 세포 속 염색체

생물은 세포로 이루어져 있어. 세포 중앙에는 핵이 있고, 보통 X 자 모양 염색체가 둘씩 짝을 지어 있어. 사람의 경우는 염색체 수가 23쌍으로 총 46개야.

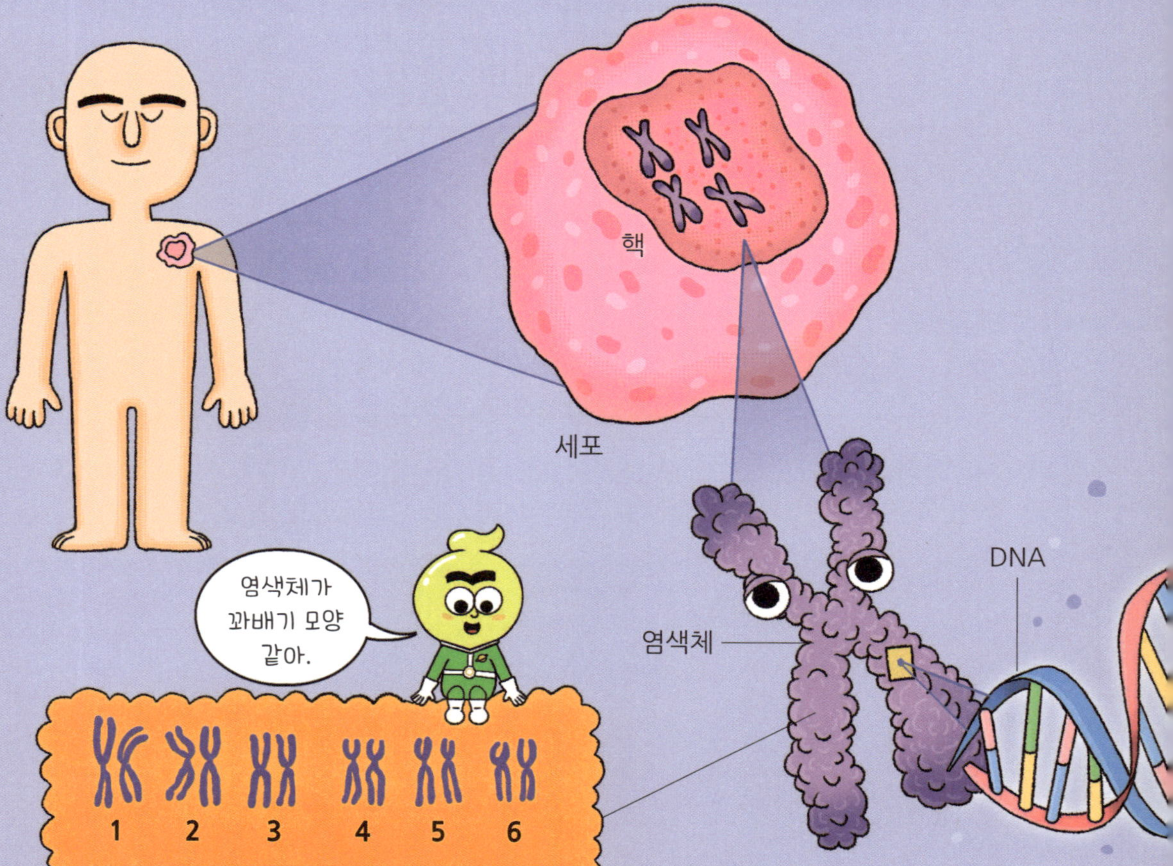

염색체가 꽈배기 모양 같아.

사람의 경우 1번부터 22번 염색체까지는 남녀 모두 모양과 크기가 같아. 23번 염색체가 성별을 결정하는데, X염색체가 둘이면 여성, X염색체와 Y염색체가 하나씩 있으면 남성이 돼.

염색체는 가느다란 실이 엉켜 있는 모양이야. 이걸 풀어 확대해 보면 두 가닥의 실이 꼬인 사다리처럼 생겼지. 이 실 모양 물질이 나, DNA야. 내 안에는 눈 색깔, 머리카락, 혈액형 등 사람의 특징을 결정하는 유전 정보가 들어 있는데, 이걸 '유전자'라고 해.

— 유전자는 4가지 막대가 짝을 이루고 있는데 배열 순서에 따라 유전 정보가 결정돼.

— 머리카락 색깔 유전자

— 눈 색깔 유전자

사람마다 유전 막대 배열이 달라. 그래서 사람의 모습도 모두 다른 거야.

DNA는 마술사 같아.

문제 사람의 유전자를 연구해서 만든 지도가 있어. 뭘까?
① 게놈 지도 ② 요놈 지도

1 게놈 지도

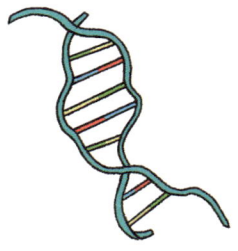

DNA에 담긴 유전자 전체를 '게놈'이라고 하고
각 유전자의 위치를 나타낸 걸 '게놈 지도'라고 해.
과학자들은 사람들에게서 채취한 DNA 자료를 이용해
13년 동안 연구한 끝에 사람의 게놈 지도를 완성했어.
그러자 사람들의 생각을 뒤집는 놀라운 사실이 밝혀졌어.

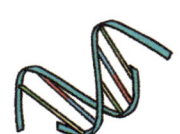

✗ **1. 인간의 유전자 수가 약 10만 개일 것이다.**
유전자의 수가 약 2만~2만 5천 개 정도에 불과했어.

✗ **2. 인간은 다른 동물보다 뛰어나서 유전자 수가 엄청 많을 것이다.**
초파리에 비해 인간은 유전자 수가 2배밖에 많지 않았어. 적은 유전자 차이로 인간은 놀라운 능력을 발휘해.

○ **3. 사람은 침팬지와 유전자가 일치할 것이다.**
침팬지와 사람의 유전자가 99% 일치했어. 따라서 침팬지가 사람과 같은 조상에서 갈라진 게 증명됐어.

"게놈 지도를 통해 유전자 수와 위치는 알아냈으나 각각 어떤 역할을 하는지는 아직 연구 중이야."

"생명은 엄청 체계적이당!"

"DNA는 비밀스러워."

4 과학 수사

나는 탐정! 증거를 모으고 DNA를 이용해 과학 수사를 하지.
내가 어떻게 사건을 해결하는지 보여 줄게.

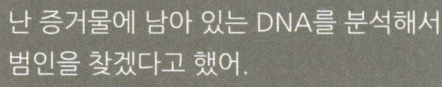

 **문제** DNA 말고 사람마다 다른 게 또 있어. 뭘까?
① 지문 ② 지갑 ③ 지우개

1 지문

지문은 손가락 끝마디의 안쪽에 있는 살갖 무늬를 말해.
지문은 손가락 말고 발가락에도 있어.
지문은 사람마다 다르며 그 모양이 평생 변하지 않아.

그렇다면 지문은 유전되지 않는 것일까? 그렇지는 않아.
지문은 부모에게서 물려받지만 여러 개의 유전자가
조합되어 나타나기 때문에 약간씩 다른 모양을 가지게 돼.

1 병을 고치려고

부모에게서 받은 유전자에 문제가 있으면 자녀가 병에 걸리기도 해.
그럴 때 문제 있는 유전자를 잘라 내면 병이 낫지 않을까?
그런 생각 덕분에 나, 유전자 가위가 생겨 났어.
과학자들은 나를 이용해 병을 치료하는 방법을 연구 중이야.
어떻게 치료하느냐고?

문제 있는 유전자 부위를 찾아내어 찰칵찰칵 잘라 내고 다시 붙이면 몸에서 건강한 세포가 자라서 병이 치료돼.

나를 이용해 새로운 농수산물을 만들 수도 있어.
이걸 '유전자 변형 식품(GMO)'이라고 불러.
이때 유전자 변형 기술은 농작물을 더 키우기 쉽거나
영양이 풍부한 상태로 만드는 데 활용돼.

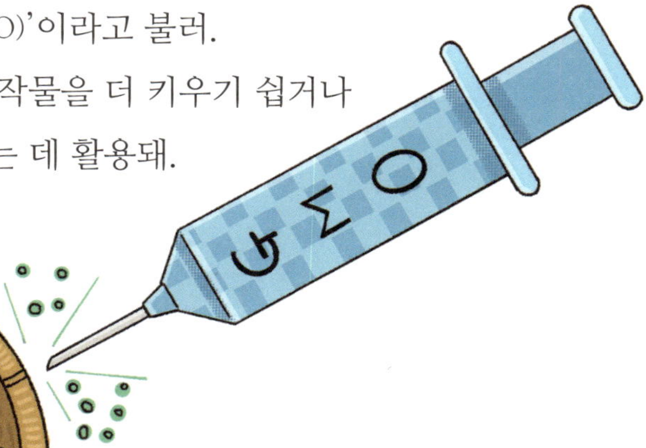

옥수수 씨앗에 제초제에 강한 식물의 유전자를
넣어 새로운 옥수수를 만들었어. 밭에 제초제를
뿌리면 풀만 죽고, 옥수수는 건강하게 자라.

쌀에 비타민 A를 만드는 유전자를
넣어 황금쌀을 만들었어. 이 쌀로
밥을 지어 먹으면 시력이 좋아져.

이거 먹고 눈
좋아져야지.

나도, 나도!

이렇게 유전자 변형 식품은 장점도 아주 많지만,
알레르기, 생태계 파괴 등 아직 확인되지 않은 위험도 있어.

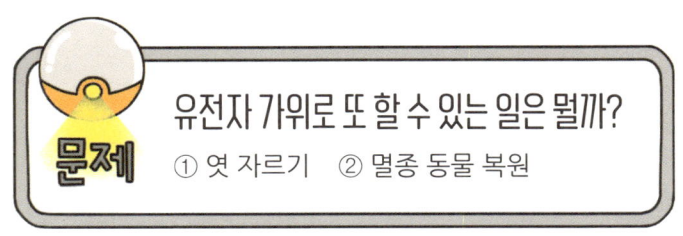

문제 유전자 가위로 또 할 수 있는 일은 뭘까?
① 엿 자르기 ② 멸종 동물 복원

2 멸종 동물 복원

유전자 가위를 이용하면 이미 사라진 동물을 되살릴 수 있어.
어떤 방법으로 할 수 있는지 볼까?

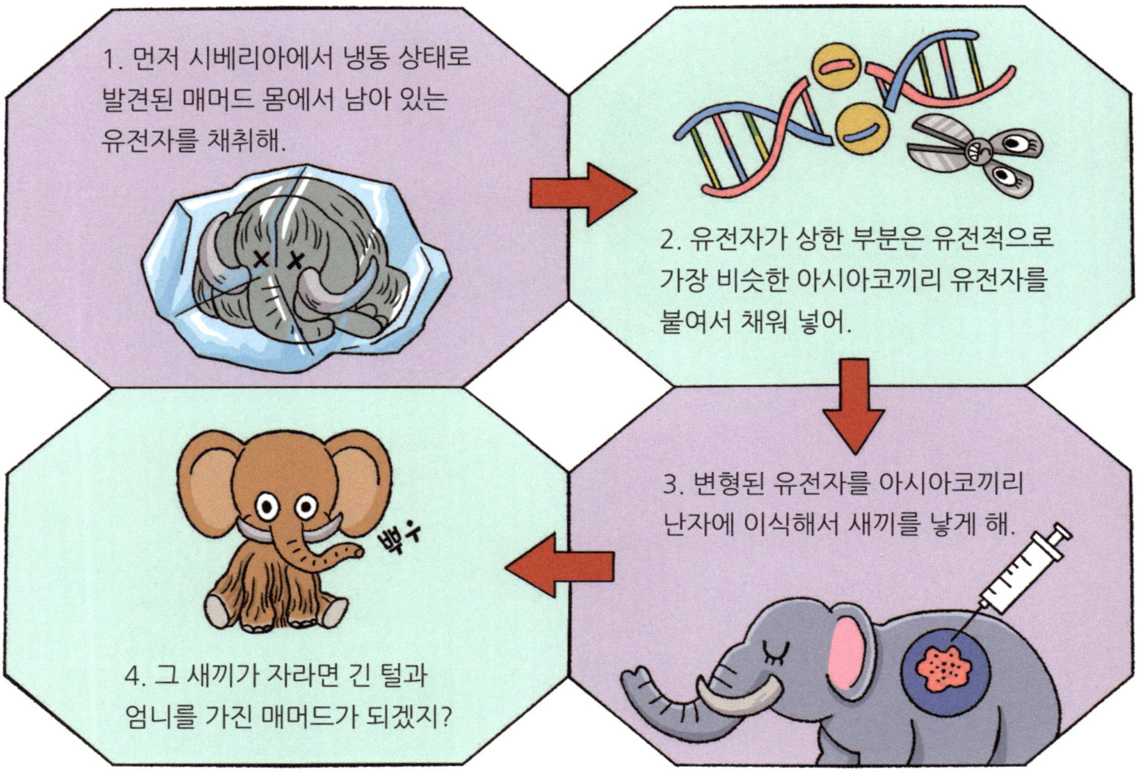

1. 먼저 시베리아에서 냉동 상태로 발견된 매머드 몸에서 남아 있는 유전자를 채취해.

2. 유전자가 상한 부분은 유전적으로 가장 비슷한 아시아코끼리 유전자를 붙여서 채워 넣어.

3. 변형된 유전자를 아시아코끼리 난자에 이식해서 새끼를 낳게 해.

4. 그 새끼가 자라면 긴 털과 엄니를 가진 매머드가 되겠지?

이처럼 유전자 가위로 할 수 있는 일은 무궁무진해.
하지만 생명을 다루는 일이므로 신중하게 접근해야 해.

그렇게 쉽지 않을걸?

모두 밝혀지면 무슨 일이 벌어질까?

생명의 비밀이 벗겨지고 있당!

생태계

2 생태계

난 비가 온 뒤 생긴 작은 물웅덩이야.
누가 찾아왔는지 볼까?

팔랑팔랑 나비가 날아왔어.
나비는 꿀만 먹고 사는 줄 알았는데,
긴 대롱으로 내 안에 고인 물을 마셔.

소금쟁이도 어디선가 날아와
물 위를 돌아다니며 먹이를 찾아.
긴 다리가 닿을 때마다 내 몸이 간질간질.

웽웽, 모기가 날아와 재빨리 내 안에
알을 수백 개나 낳았어. 며칠 뒤 알에서 모기
유충이 나와 내 안에서 헤엄치기 시작했어.

58

2 서식지

서식지는 물웅덩이 같은 작은 것부터 숲이나 바다처럼
큰 것까지 크기와 종류가 아주 다양해.
빛, 온도, 공기, 물이 있으면 어디나 생명이 사는 서식지가 되지.
지구에 있는 대표적인 서식지와 생태계를 알아볼까?

다양한 생물의 보고, 숲 생태계

물고기의 천국, 바다 생태계

물이 부족한 사막 생태계

일 년 내내 추운 극지방 생태계

1 식물

나는 육지 대표 생산자, 녹색식물이야.
식물인 내가 어떻게 영양분을 직접 만들 수 있냐고?
햇빛을 받는 동안 내 잎의 엽록체에서 광합성이
일어나기에 가능하지.

나는 산소도 만들어 공기 중에 내보내.

잎사귀로 햇빛과 이산화 탄소를 받아들이고, 뿌리로 물을 흡수하여 영양분을 만들어.

광합성 과정

이산화 탄소 + 물 → 영양분 + 산소

우리는 이 영양분을 에너지로 무럭무럭 자라고
지구의 동물들은 우리를 먹고 살지.

2 황산화 세균

깊은 바닷속은 햇빛이 들어오지 않아 어둡고 추워.
하지만 황산화 세균이라는 생산자가 있어서 생물들이 살 수 있어.
바다 밑에는 용암과 가스가 뿜어져 나오는 곳이 있는데,
황산화 세균은 여기에 사는 관벌레 속에서 지내며 영양분을 만들어.

나는 관벌레! 흐흡! 뜨거운 가스를 마셔야지.

1. 황산화 세균은 가스 속에 있는 황화 수소를 분해해 영양분을 만들어.

2. 관벌레는 황산화 세균이 만든 영양분을 흡수한 뒤, 산소를 내어 줘.

3. 황산화 세균은 관벌레에게 얻은 산소를 이용해서 에너지를 얻어 살아.

생태계는 영양분이 필요하당.

나도 무럭무럭 자라게 영양분 좀 줘!

너도 광합성을 해!

4 스스로 영양분을 못 만들어서

생태계에서 소비자는 주로 동물이야.
동물들은 스스로 영양분을 만들지 못해서 생산자인
식물을 먹거나 다른 소비자인 동물을 먹고 살아.
어떤 먹이를 먹는지 볼까?

2 피라미와 갈겨니

피라미와 갈겨니는 모습도 비슷하고 식성도 비슷해.
또 둘 다 호수나 강에 사는데 같은 곳에 살게 될 때
어떻게 지내는지 볼까?

1 먹이 사슬

자연의 모든 생물은 먹고 먹히는 관계로 이루어져 있어.

나는 숲속의 동물을 잡아먹는 포식자! 나의 먹이가 되어 줄 피식자를 찾아볼까?

싱싱한 풀이다! 얼른 먹어야지.

메뚜기다! 맛나겠네!

먹음직한 개구리다!

줄줄이 잡아먹는 모습이 꼭 꼬리잡기 놀이 같네.

이처럼 생물들의 먹고 먹히는 관계가 사슬처럼 줄줄이 연결되어 있다고 해서 '먹이 사슬'이라고 불러.

동물은 한 가지 식물, 한 가지 동물만 잡아먹는 건 아니라서,
먹고 먹히는 사슬이 복잡하게 얽혀 있어.
이걸 '먹이 그물'이라고 해.

이렇게 먹이가 여러 종인 이유는 한 종류의 생물이
없어져도 다른 먹이를 먹으며 멸종하지 않기 위해서야.
먹이 그물이 복잡할수록 생태계는 평화롭게 유지돼.

문제 먹이 사슬에 있는 생물들의 양을 그림으로 표시하면?
① 항아리 모양이 된다. ② 피라미드 모양이 된다.

2 피라미드 모양이 된다.

생태계에서 생산자의 종류와 수가 가장 많아.
1차, 2차, 3차 소비자로 갈수록 종류와 수는 적어지지.
이 모양이 피라미드를 닮아서 '먹이 피라미드'라고 해.
생태계에서 생산자의 종류와 수가 많으면 1차 소비자의 먹이가
풍부해져서 잘 살 수 있고, 그에 따라 2, 3차 소비자도 잘 살 수 있어.

- 3차 소비자
- 2차 소비자
- 1차 소비자
- 생산자

생태계는 메뉴가 풍부하당.

먹을 게 너무 많아!

저게 뭐야?

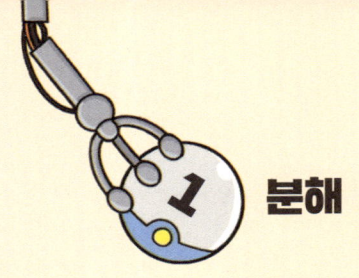

1 분해

장난감 같은 것을 하나하나 나누어 쪼개는 것을 분해라고 하지?
죽은 동식물을 잘게 쪼개 썩게 하는 것도 분해야.
그 일을 하는 게 바로 세균과 곰팡이 같은 우리, 미생물이야.
우리가 어떤 일을 하는지 볼래?

분해한 물질은 흙에 섞여 거름이 돼. 식물들은 그걸 먹고 무럭무럭 자라지. 또 우리가 부지런히 일하기 때문에 자연이 더러워지지 않아.

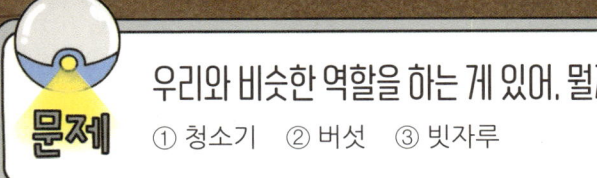

문제 우리와 비슷한 역할을 하는 게 있어. 뭘까?
① 청소기 ② 버섯 ③ 빗자루

# 3 영양분

난 아주 커다란 혹등고래야.
깊은 바닷속 영양분을 바다 위로 끌어 올리는 일을 하지.

2. 해수면에서 숨을 쉬고, 똥을 잔뜩 싸.

고래가 왜 올라가지?

1. 깊은 바다에서 물고기를 잔뜩 먹고 위로 올라가.

이 모습이 마치 지하수를 퍼 올리는
펌프 같다며, 고래 펌프라고 불러.
내가 영양분을 어떻게 끌어 올리는지 볼래?

우아, 고래가 먹은 영양분이 똥으로 나와 다른 물고기들을 거쳐 다시 고래에게 갔어.

3. 식물성 플랑크톤이 고래 똥을 먹고 수가 많이 늘어나.

4. 식물성 플랑크톤을 먹는 동물성 플랑크톤의 수도 늘어나.

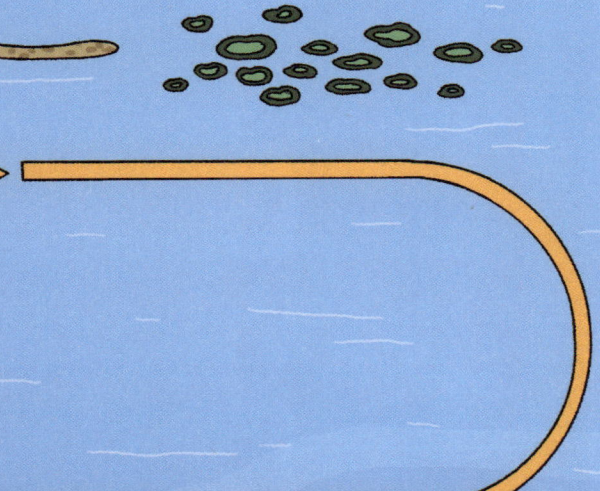

5. 동물성 플랑크톤을 먹는 크릴새우의 수도 늘어나.

6. 크릴새우를 먹는 물고기의 수도 늘어나.

문제: 다음 중 고래 똥처럼 순환하는 건 뭘까?
① 낙엽　② 소문　③ 굴렁쇠

1 낙엽

숲에는 아주 많은 나무가 살아. 나무는 가을이 되어 기온이 떨어지면 영양분을 아끼려고 나뭇잎을 떨어뜨려. 이게 바로 낙엽이야. 낙엽이 어떻게 순환하는지 볼래?

2. 나무가 영양분을 모아 열매를 맺어.

1. 나무에 새로운 나뭇잎이 돋아나.

3. 나뭇잎이 떨어져 낙엽이 돼.

6. 뿌리로 고운 흙 속의 영양분을 빨아들여서 나무가 쑥쑥 자라.

숲 생태계도 순환해.

5. 지렁이가 먹은 뒤, 고운 가루로 만들어 토해 내.

4. 세균, 곰팡이가 나뭇잎을 분해해서 먹기 좋은 상태로 만들어.

생태계는 돌고 돌고 돈당.

핑핑, 도는 건 어지러워.

80

2 생태계 평형이 깨져.

난 말코손바닥사슴. 내가 미국의 슈피리어호에 있는 로열섬에 침입했을 때의 이야기를 들어 볼래?

로열섬은 풀과 나무가 많은 평화로운 곳이었어.

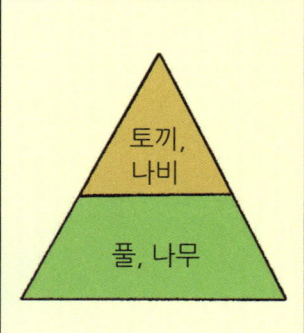

난 친구들과 함께 먹을 것을 찾아 로열섬으로 갔어.

우리가 닥치는 대로 식물을 먹고, 새끼를 낳았더니 섬의 생태계 평형이 깨졌어.

겨울에 호수의 물이 얼어붙자, 늑대들이 섬으로 건너왔어.

늑대 때문에 우리 무리의 수가 점점 줄어들자, 식물이 다시 자라기 시작했어.

그 뒤 로열섬은 식물과 동물이 적당한 수를 유지하며 생태계 평형을 이뤘어.

83

2 외래종

외부에서 들어온 생물의 종류라고 해서 '외래종'이라고 불러.
외래종은 위협하는 동물이 없어서, 생태계를 혼란에 빠뜨리는
경우가 많아. 그래서 외래종을 들일 때는 특별히 조심해야 해.
우리나라에도 많은 외래종이 들어왔는데, 그중 몇 가지만 소개할게.

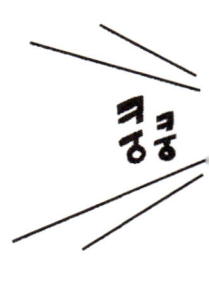

4 지리산 생태계를 살리려고

난 2004년 지리산을 살리라는 특명을 받고 이곳에 왔지.
우선 지리산의 문제점이 뭔지 이야기를 들었어.

난 나뭇가지를 꺾어 열매를 먹었어!

그다음엔 큰 덩치로 산을 누비고 다니며 겁을 줬어!

나처럼 생태계를 살리는 중요한 동물을 뭐라고 부를까?
① 핵인싸   ② 조연   ③ 핵심종

 ## 3 핵심종

미국의 생태학자 로버트 페인이 불가사리를
연구한 이야기를 들어 볼래?

페인은 이 연구로 불가사리처럼 생태계에서 중요한 역할을 하는 생물이
있다는 걸 알게 됐고, 이런 생물에 '핵심종'이란 이름을 붙여 줬지.

3 야생 동물을 보호하려고

내가 왜 생겨났는지 이야기를 들려줄게.

1 그렇다.

강물의 흐름을 조절하고 물을 가두기 위해
댐을 건설하면 물고기가 다니는 길이 뚝 끊기고 말아.
특히, 새끼를 낳기 위해 바다에서 강 상류까지 거슬러
올라가는 연어 같은 물고기들이 사라질 수도 있지.
그래서 물고기가 자유롭게 오갈 수 있는 길인 어도를 만들었어.

3 약 200만 종

나, 지구 생태계에는 발견된 것만 해도 약 200만 종이 넘는 생물이 살고 있어. 아직 발견되지 않은 종이 그보다 몇 배나 많을 거래. 이처럼 서식지도 다양하고 생물 종도 다양한 게 내 자랑거리였는데, 요즘 들어 많은 생물 종이 한꺼번에 사라지고 있어. 이유가 무얼까?

재규어는 아마존 숲에 살아. 그런데 사람들이 가축을 기를 농장을 짓고, 논밭을 만든다며 숲을 불태우고 있어. 숲이 사라지는 바람에 작은 동물들이 살 수 없게 되고, 덩달아 재규어도 먹이가 사라져 살기 어려워졌어.

바다거북은 바닷가 모래사장에 알을 낳는데, 사람들이 해변에 관광지를 만들고 환경을 오염시키고 있어. 그래서 모래사장의 알이 부화하기 어렵고, 부화한 새끼도 바다까지 살아서 가기 힘들어.

2 멸종

한 생물이 멸종하면, 그 생물을 먹고 살던 생물도 위기에 처해. 그래서 많은 생물이 한꺼번에 사라지면 생태계에 미치는 영향은 어마어마하게 크지. 또한 곳곳의 생태계가 망가지면 인간도 먹고 살기 힘들어질 거야.

지금 나에게 꼭 필요한 건 생물 다양성을 되찾는 거야. 생물의 종류가 다양하면 먹이 그물이 촘촘해져서 한두 생물이 사라져도 빈 곳을 쉽게 채울 수 있거든. 이제 생물 다양성은 선택이 아니라 필수야.

생태계는 다양해야 좋당!

우리 캔디도 그래!

캔디 다양성을 지키자!

1 바닷물

바닷물이 일정한 방향으로 흐르는 걸 '해류'라고 해.
해류에는 난류와 한류가 있어.
이 해류가 지구 곳곳을 흐르며 온도를 적절하게 조절해.
만약 난류와 한류가 없었다면 적도는 지금보다
훨씬 더 덥고, 극지방은 훨씬 더 추울 거야.

 난류

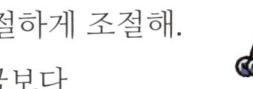 한류

1 열을 품어서

우린 아주 작은 공기 알갱이야.
이산화 탄소, 메테인, 아산화 질소 등이 대표적이지.
우리의 역할은 원래 땅에서 반사되는 열을 품어서
지구 공기를 따뜻하게 유지하는 거였어.

그런데 요즘은 우리 숫자가 갑자기 확 늘어나서 문제가 생겼어.
우리가 너무 많은 열을 품은 탓에 지구가 더워지고 있대.
이렇게 지구가 더워지는 현상을 '지구 온난화'라고 해.
이대로 가면 100년 안에 지구 온도가 4~6도 더 오를 거래.

빠져나갈 틈이 없지?
몽땅 체포!

너무하는 거 아냐?

푹푹 찐당.
푹푹 쪄!

문제 온난화를 일으키는 온실가스를 가장 많이 내보내는 범인은?
① 바퀴벌레   ② 화석 연료

2 화석 연료

화석 연료는 석탄, 석유, 천연가스가 대표적이지.
이 연료를 사용하면 이산화 탄소가 많이 나와.
이산화 탄소는 지구에서 나오는 온실가스의 약 80퍼센트나 차지해.
이산화 탄소는 언제 많이 나올까?

화력 발전소에서 석유,
석탄을 태워 터빈을
돌려서 전기를 만들 때

공장에서 석유를 이용해
기계를 돌리거나,
물건을 만들 때

자동차에서 휘발유,
등유 같은 연료를
태워서 움직일 때

온실가스가 계속 늘어나는 걸 막으려면 화석 연료 사용을 줄여야 해.

3 크기가 변한다.

나, 탄소 발자국은 사람이 식사하고, 물건을 쓰고, 이동하는 대부분의 활동 과정에서 자연스럽게 생겨. 이산화 탄소의 양이 많으면 커지고, 적으면 작아지지.

물은 탄소 발자국이 아예 안 나오네!

고기를 안 먹을 순 없고, 먹는 횟수를 좀 줄여야지.

소를 키우는 과정에서 숲과 자연을 많이 파괴하기 때문에, 소고기와 우유의 탄소 발자국이 커.

물 0g

소고기 2,816g

쌀밥 500g

양배추 50g

닭고기 753g

우유 1,200g

토마토 100g

총 5,419g

오늘 식탁의 탄소 발자국

어떤 활동이 탄소 발자국을 크게 만드는지 볼까?

5,200g

휘발유를 써서 움직이는 자동차는 탄소 발자국이 커.

자동차로 30분 이동

200g

화력 발전 등으로 전기를 만들기 때문에 전기 제품을 써도 탄소 발자국이 커.

노트북 1시간 사용

석유 등을 이용해 만든 일회용품을 써도 탄소 발자국이 나와.

11g

일회용 컵 1번 사용

지구 온난화를 막으려면, 탄소 발자국이 크게 나오는 활동을 줄여야 해.

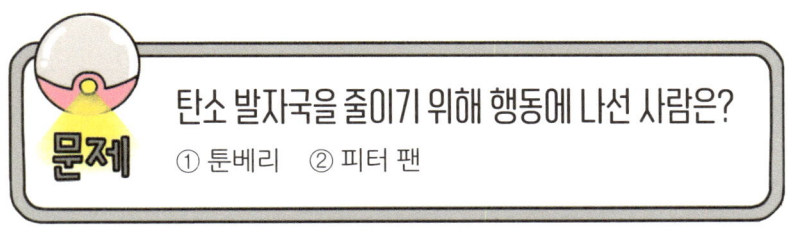

문제 탄소 발자국을 줄이기 위해 행동에 나선 사람은?
① 툰베리 ② 피터 팬

 툰베리

2018년 스웨덴의 그레타 툰베리는 16세 소녀였어.
툰베리가 무슨 일을 했는지 알아볼까?

툰베리의 호소와 활동은 많은 사람에게 큰 영향을 미쳤어.
이제 세계의 모든 사람이 탄소 발자국을 줄이기 위해 노력하고 있어.

4 지구 온난화 때문에

지구 온난화로 인해 평균 기온이 올라가면서 지구 곳곳에 비정상적인 기후가 나타나고 있어. 이상한 정도가 너무 심해서 나를 '극한 기후'라고 불러. 지구에 어떤 일이 일어나고 있는지 볼래?

가뭄
오스트레일리아 남동부 도시는 한동안 폭염과 극심한 가뭄에 시달렸어. 또 건조해진 날씨 때문에 2019년 9월부터 2020년 2월까지 산불이 이어져 한반도 면적의 85퍼센트 정도 되는 숲을 태워 버렸어.

폭설
미국 캘리포니아는 1년 내내 따뜻한 아열대 기후 지역이야. 그런데 2023년 북극 찬 바람이 아메리카 대륙까지 세력을 뻗쳐서, 캘리포니아 지방에 눈 폭풍이 몰아치고, 눈이 3미터 넘게 쌓였어.

야자수가 눈에 덮였어!

초강력 태풍

북태평양 서남부에서 시속 194킬로미터가 넘는 강력한 태풍의 수가 늘고 있어. 특히 시속 234킬로미터가 넘는 슈퍼 태풍은 매년 1개에서 4개 정도로 늘어났어. 바람이 이렇게 거세진 이유는 지구 온난화로 바닷물의 온도가 올라가 태풍이 커지기 때문이래.

폭우

2022년 8월 대한민국 서울에서는 1년 동안 내릴 비의 3분의 1이 하루에 폭포처럼 쏟아졌어. 지구 온난화 때문에 남쪽에서 온 습한 공기가 한반도에 머무는 기간이 길어진 게 원인이라고 추측해.

극한 기후는 사람 말고 또 누구에게 영향을 미칠까?
① 태양 ② 마법사 ③ 동식물

3 동식물

기후 변화 때문에 고생하는 건 사람만이 아니야.
세계 곳곳의 식물과 동물도 마찬가지로 영향을 받아.

바닷물의 온도가 올라가는 바람에 온도 변화에 민감한 산호초가 하얗게 변하며 죽어 가고 있어.

바닷물의 높이가 높아져서 방글라데시에서 벵갈호랑이가 사는 서식지가 잠기고 있어.

자이언트판다의 먹이인 대나무 숲이 온난화 때문에 빠른 속도로 사라지고 있어.

남극 빙하가 녹으면서, 빙하에 붙은 해조류를 먹고 살던 크릴새우도 펭귄도 굶어 죽을 위기에 처했어.

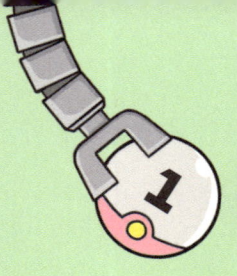

1 식량이 부족해져.

우리 꿀벌이 사라지면 식량이 부족해져서 식물도 동물도 사람도 모두 위험에 빠져. 왜 그런지 볼래?

- 큰일 났어요! 꿀벌이 사라졌어요!
- 꿀벌이 사라진 게 뭐 큰일이라고. 일단 찾아봅시다!
- 꿀벌 봤니?
- 아니! 꿀벌이 수술의 꽃가루를 암술에 옮겨 줘야 열매를 맺는데 우리도 꿀벌이 오지 않아서 큰일이야.
- 꽃이 없으면, 열매도 맺히지 않아.
- 씨도 없어서 자손을 퍼뜨릴 수 없다고!
- 풀이 사라지면 우리 먹이도 없어지는데….
- 그럼 우리 모두 굶어 죽는 거야?
- 사람도 큰일이야. 동식물이 사라지면 채소, 고기, 우유 모두 먹을 수 없다고!
- 그럼 식량 위기가 온다는 거야? 얼른 꿀벌을 찾아야겠어.

나는 탐정에게 우리가 사라진 이유를 알려 줬어.

온난화로 곧 우리나라에서 키우기 어려운 작물이 있어. 뭘까?
① 눈썰미 ② 사과 ③ 꿀밤

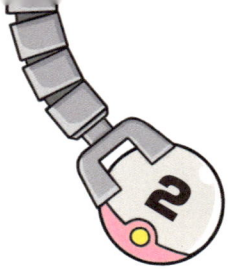
2 환경을 보호하려고

석유, 석탄, 천연가스 같은 자원은 양이 한정되어 있고 지구 온난화를 일으켜서 문제가 많죠. 지금부터는 지구를 보호하겠다고 나선 착한 에너지를 소개하도록 할게요.

훅, 나는 바람의 힘을 이용하는 에너지야. 바람이 불면 회전 날개가 돌며 전기를 만들지.

태양 전지에 햇빛이 닿으면 전기를 띠는 알갱이가 생겨. 난 햇빛이 비치는 곳이라면 어디서든 전기를 만들 수 있어.

풍력 에너지

태양광 에너지

난 파도의 힘을 이용해. 밀물 때와 썰물 때 물의 높이 차이를 이용해 터빈을 돌려 전기를 만들지.

조력 에너지

 ## 2 제로 에너지 하우스

제로 에너지 하우스는 외부로부터 에너지를 받지 않고 필요한 전기를 만들어 사용하는 집을 말해. 어떻게 작동하는지 볼까?

태양 전지판과 풍력 발전기로 직접 전기를 만들어.

집을 남향으로 짓고 창을 크게 내어 햇빛이 많이 들어오게 해.

단열벽으로 내부의 에너지가 밖으로 빠져나가는 걸 막아.

나도 에너지를 만들고 있어.

좀 더 빨리 달려!

환경을 보호하는 에너지가 있당.

2 생태계를 파괴한다.

1950년대 인도네시아 보르네오섬에서 있었던 일이야.

그 뒤, 말라리아는 사라졌지만 마을에 이상한 일이 생겼어.

이 작전으로 마을에서 쥐 떼는 사라졌고 사람들은 흑사병의 위협에서 벗어날 수 있었어. 그런데 이상했어. 사람들은 살충제를 맞은 바퀴벌레나 도마뱀은 살았는데, 왜 고양이만 죽었는지 궁금했어.

 **문제** 살충제의 비밀을 밝힌 생물학자가 있어. 누굴까?
① 고양이 박사 ② 카슨 박사

2 카슨 박사

레이철 카슨은 『침묵의 봄』에서 강가에 사는 동물들을 조사해 살충제가 동물 몸에서 분해되지 않고 쌓인다는 걸 증명했어.
먹이 사슬의 아래 단계 동물은 몸에 적은 양의 살충제가 쌓여 생명에 지장이 없어. 하지만 위 단계로 갈수록 아래 단계의 동물들이 먹은 살충제까지 몸에 쌓여서 결국 죽음에 이른다는 거야.

독수리 몸속에 쌓인 DDT 양은 물보다 백만 배 더 많아.

DDT 0.000003ppm — 물
DDT 0.04ppm — 플랑크톤
DDT 0.5ppm — 작은 물고기
DDT 2ppm — 큰 물고기
DDT 25ppm — 독수리

결국 살충제 DDT는 전 세계적으로 사용이 금지되었어.
사람들은 자신들의 안전을 위해 했던 행동이 생태계를 큰 위험에 빠뜨렸다는 걸 깨닫게 되었어.

환경은 조심조심 다뤄야 한당.

깨지지 않게 도와줘!

4 비가 안 와서

난 아프리카 사하라 사막 남쪽에 있는 사헬 지대야.
옛날에도 건조한 편이었지만, 초원이 있어서 양이 뛰놀고, 농사짓는 사람들이 모여 살았어. 하지만 지금은 비가 오지 않아 사막이 됐어.
난 작은 구름을 찾아가서 물었어.

난 어렵사리 찾은 작은 풀에게도 물었어.

난 사람에게 따졌지.
그러자 사람은 인구가 늘어나 농사지을
땅이 필요해서 어쩔 수가 없었대.
흑흑, 푸릇푸릇 내 얼굴을 어떻게 돌려받지?

 문제 이렇게 초원이 사막화가 되면 나타나는 게 뭘까?
① 모래 폭풍   ② 오로라   ③ 무지개

# 1 모래 폭풍

아프리카 말고 아시아 대륙도 사막화 문제가 심각해. 특히 몽골과 중국의 사막화 지역이 넓어지면서 거대한 모래 폭풍이 더 자주 일어나. 그럼 어떤 일이 벌어질까?

> 마을의 집과 가축들이 모래 더미에 묻혀.

> 모래 폭풍으로 생긴 먼지, 황사가 우리나라까지 더 자주 날아와.

> 모래바람이 너무 심하다!

이순신

모래 폭풍을 막으려면, 나무를 많이 심어야 해.
나무가 땅의 흙을 잡아 줘서 바람에도 끄떡없게 되거든.

> 몽골에 나무를 심자!

> 환경은 목마르당.

3 북태평양

난 쓰레기들이 플랑크톤과 엉겨 붙어서 만들어진 섬이야.
넓이가 무려 160만 제곱킬로미터로 한반도의 15배쯤이나 되지.
어떻게 이 많은 쓰레기가 바다 한가운데에 모여 있느냐고?

난 다시 수천 킬로미터를 더 흘러가다, 쓰레기 섬에 도착했어.

아시아

아메리카

쓱 둘러보니 쓰레기 중 대부분이 비닐과 플라스틱이었어.

환영해! 이곳은 아시아와 아메리카 대륙에서 흘러온 쓰레기가 모여 생긴 섬이야.

심심하진 않을 거야. 플라스틱 친구가 자그마치 1조 8천억 개나 되니까.

우아, 엄청나다!

문제 섬은 왜 대부분 플라스틱일까?
① 잘 썩지 않아서 ② 헤엄을 잘 쳐서

1 잘 썩지 않아서

플라스틱은 석유를 끓일 때 나오는 '나프타'란 물질로 만드는데, 분해가 잘 안 되는 복잡한 구조로 이루어져 있어.
그래서 오랜 시간이 지나도 잘 썩지 않아 섬을 이룬 거지.
섬의 쓰레기가 없어지려면 얼마나 긴 시간이 필요한지 볼래?

휴지 2~5개월

합성 섬유 옷 20년 이상

알루미늄 캔 500년 이상

플라스틱병 500년 이상

비닐봉지 500년 이상

이대로 가면 썩지 않은 쓰레기가 바다를 모두 뒤덮을지도 몰라.

환경은 쓰레기통이 아니당.

쓰레기를 재활용해 볼까?

3 재활용하기

난 에코 지킴이. 어느 날 세균과 곰팡이가 찾아왔어.

난 쓰레기를 다시 사용하는 재활용 방법을 생각해 냈어.

원재료를 그대로 재사용하는 건 재활용이고,
새 제품으로 탈바꿈해 사용하는 건 새 활용이야.
쓰레기를 안 만들 수는 없지만, 재활용, 새 활용을 하면 줄일 수는 있단다.

 ## 2 지구가 살기 좋아진다.

우리가 사용하는 물건은 다 자연에서 얻은 물질로 만들어.
그래서 쓰레기를 재활용해 물건을 적게 만들수록 자연은 덜 망가져.
숲의 나무를 적게 베면 동물들이 사는 곳이 안전해지고
물건 만드는 공장을 덜 돌려 폐수가 덜 나오면, 바다가 안전해질 거야.
그럼 모든 생물이 더 안전하게 살 수 있는 지구가 돼.

신나는 캔디 요리 시간!

먼저 빈칸에 환경 열 단어를 적어 봐!

⬤⬤ ⬤⬤ 인 대기권과 해류 덕분에 지구의 온도가 잘 유지돼.

하지만 ⬤⬤⬤⬤ 가 많아지면, 지구가 더워지는 온난화가 일어나.

사람이 만들어 내는 이산화 탄소의 양은 탄 ⬤ ⬤⬤⬤ 으로 나타내지.

날씨가 극단적으로 변하는 ⬤⬤ ⬤⬤ 는 지구 온난화 때문이야.

지구에서 ⬤⬤ 이 사라지면, 식량 위기가 찾아올 거야.

온난화를 막으려면 화석 연료 대신 착 한 ⬤⬤⬤ 를 사용해야 해.

강력한 살충제인 ⬤⬤⬤ 는 생물의 몸에 쌓이고 생태계를 파괴해.

초원이 ⬤⬤⬤ 된 건 무분별한 개발 때문이야.

북태평양에는 비닐과 플라스틱이 모여 생긴 ⬤⬤⬤ 섬 이 있어.

지구 환경을 위해 쓰레기를 재활용하는 ⬤⬤ ⬤⬤ 가 되어야 해.

정답: 지구 방패, 온실가스, 탄소 발자국, 극한 기후, 꿀벌, 착한 에너지, DDT, 사막화, 쓰레기 섬, 에코 지킴이